8° F Pièce
3214

AF562363

F. ROUVIÈRE

RAPPORT ET VŒUX

PRÉSENTÉS

A LA RÉUNION AMICALE DES TRIBUNAUX DE COMMERCE

DE LA COUR D'APPEL DE MONTPELLIER

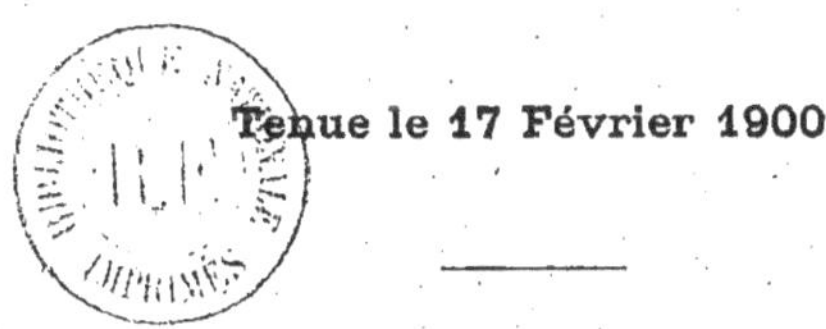

Tenue le 17 Février 1900

Loi du 1er mars 1898, sur les Nantissements des Fonds de Commerce

Pièce
8° F
3214

MONTPELLIER
IMPRIMERIE Gustave FIRMIN et MONTANE
Rue Ferdinand-Fabre et quai du Verdanson

1900

F. ROUVIÈRE

RAPPORT ET VŒUX

PRÉSENTÉS

A LA RÉUNION AMICALE DES TRIBUNAUX DE COMMERCE

DE LA COUR D'APPEL DE MONTPELLIER

Tenue le 17 Février 1900

BIBLIOTHÈQUE NATIONALE R.F.

LOI DU 1er MARS 1898, SUR LES NANTISSEMENTS DES FONDS DE COMMERCE

MONTPELLIER
IMPRIMERIE GUSTAVE FIRMIN ET MONTANE
Rue Ferdinand-Fabre et quai du Verdanson
1900

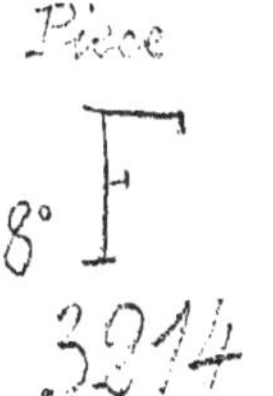
Pièce 8° F 3214

LOI DU 1er MARS 1898

SUR

LES NANTISSEMENTS

DES FONDS DE COMMERCE

MESSIEURS,

MES CHERS COLLÈGUES,

Le Tribunal de commerce de Montpellier ayant été chargé d'assurer le succès de la seconde réunion amicale des Tribunaux de commerce du ressort de la Cour d'appel, a dû s'occuper des divers travaux qui pouvaient intéresser la magistrature consulaire et s'est déterminé à faire étudier par chaque Tribunal du ressort, une des questions qui doivent être discutées prochainement à la conférence de MM. les Présidents des Tribunaux de commerce de France.

A la suite d'un tirage au sort, la question du nantissement des fonds de commerce et de la loi du 1er mars 1897, échut à notre Tribunal, qui me fit l'honneur de me confier la rédaction du rapport.

Le Tribunal de Montpellier aurait pu facilement faire un meilleur choix parmi mes collègues ; mais je dois cette faveur, sans doute, à un privilège que nul n'ambitionne, celui de l'âge.

J'hésitais tout d'abord à traiter cette question fort complexe, pleine d'actualité, hérissée de nombreuses difficultés ; mais, soutenu par une maxime de La Bruyère : « Celui qui écrit par devoir a droit à l'indulgence de ses juges », je me suis déterminé à accepter le mandat qui m'avait été confié par mes collègues, que je suis heureux de remercier.

Pour traiter cette question comme elle mérite de l'être, il me faudrait une science juridique que je suis loin de posséder et beaucoup plus de temps que celui dont je dispose. Il est regrettable, même, que l'étude de cette question, qui nécessiterait, comme tant d'autres, plusieurs journées de discussion entre jurisconsultes, soit si écourtée ; il est permis de croire, même, que des programmes pareillement surchargés peuvent nuire aux intérêts que nous voulons défendre et peut-être nos discussions, limitées dans une sphère plus modeste, pourraient rendre beaucoup plus de services à la juridiction consulaire.

Afin de rendre la discussion plus facile, avant d'aborder la question principale, je devrais donner la définition du fonds de commerce, de ses caractères juridiques, vous entretenir des nombreuses questions qui se rattachent à la cession du fonds de commerce, des diverses applications du gage, des modifications apportées aux lois qui le régissent ; mais j'estime que, dans une pareille réunion, où nos minutes sont comptées, je ne peux qu'effleurer le sujet. J'examinerai les avantages et les inconvénients des nantissements de fonds de commerce que je ferai précéder de quelques mots d'historique, et, de cette double étude, je m'efforcerai de déduire une conclusion logique.

La multiplicité des opérations commerciales, que le législateur du commencement du siècle ne pouvait prévoir lors de la rédaction des Codes, a souvent obligé le commerçant à donner à son crédit une extension proportionnelle au développement de ses affaires ; mais comme nos lois régissant notre crédit réel font une distinction fondamentale entre les meubles et les immeubles, les possesseurs de valeurs immobilières, sous l'empire des anciennes lois sur le nantissement, étaient bien plus favorisés que ceux qui ne comptaient à leur actif que des valeurs mobilières. Aux termes de l'article 2072 du Code civil, le possesseur d'immeubles pouvait constituer un nantissement, appelé *antichrèse*, dont l'usage s'est peu développé, ou, plus facilement encore, avoir recours à l'affectation hypothécaire conventionnelle de ses valeurs immobilières, tandis que le nantissement des valeurs mobilières constituait le *gage*. Mais il faut avouer, pourtant, que les frais occasionnés par ces contrats civils et les lenteurs qu'ils entraînaient, ne permettaient guère au commerçant d'avoir recours à ce mode de crédit.

Par suite de l'usage restreint du gage, le Code de commerce, promulgué le 20 septembre 1807, ne s'en occupait pas, il ne parlait seulement que du privilège du commissionnaire, qui repose sur une constitution tacite du gage, et le silence de la loi commerciale, à défaut d'usage contraire, obligeait le juge consulaire à faire l'application du droit civil. Les règles restrictives de ce droit gênaient considérablement le commerce ; aussi l'usage du gage ne put se développer. C'est pour porter remède à ces nombreux inconvénients que fut votée la loi du 23 mai 1863, créant le gage commercial dont il est parlé dans les articles 91, 92, 93, titre VI, livre Ier du Code de commerce ; et les articles 91, 92, 93 de l'ancien Code, modifiés ou supprimés, ont été réunis dans les articles 94 et 95 du Code en vigueur.

Depuis lors, plusieurs causes ont multiplié l'usage du gage, notamment l'accroissement des valeurs mobilières, les avances sur titres, et, pensons-nous, aussi la suppression de la contrainte par corps depuis 1867, car les créanciers, privés de cette garantie personnelle, en réclament une autre, qui est le gage.

Le gage (mot employé quelquefois pour désigner la chose engagée) est donc un contrat par lequel un créancier reçoit de son débiteur ou d'un tiers une chose mobilière, corporelle ou incorporelle, pour sûreté de sa créance. Le gage commercial est régi en principe par les dispositions du Code civil (art. 2073 à 2083) ; il confère au créancier (art. 2073) le droit de se payer sur la chose qui en est l'objet par privilège et par préférence aux autres créanciers ; et les articles 2076 C. C., 92 C. Com. annulent le privilège à l'égard des tiers si la valeur donnée en nantissement n'est pas entièrement restée en la possession du créancier, ou d'un tiers désigné par les parties. Sous l'empire de notre législation, antérieure à la loi qui va nous occuper, l'emprunteur devait être dépossédé de la chose qu'il donnait en nantissement, mais l'art. 2075 C. C., fait une distinction entre les meubles corporels et les meubles incorporels, tels qu'une créance, par exemple.

Lorsqu'il s'agit d'une chose corporelle, *le privilège n'a lieu qu'autant qu'il y a un acte public ou un sous-seing privé dûment enregistré contenant la déclaration de la somme due ainsi que la nature et la quantité de la chose remise en gage ou un état annexé de leurs qualités, poids et mesures;* ces prescriptions ne s'appliquent qu'en matière excédant 150 francs (art. 2074 C. C.).

Sur les créances, *le privilège ne s'établit que par un acte public ou un sous-seing privé enregistré et signifié au débiteur de la créance donnée en gage* (art. 2075 et 1690 C. C.); mais toutes ces formalités ont été supprimées par la loi du 23 mai 1863. En vertu de certaines ordonnances dont nous ne parlerons pas, plusieurs établissements de crédit, notamment la Banque de France, jouissaient de certains avantages avant le vote de la loi de 1863, le gage consenti à leur profit n'était pas soumis aux formalités du Code civil (1).

Parmi les valeurs incorporelles il y a lieu de faire une distinction, entre les créances par exemple, et d'autres choses incorporelles telles que brevet d'invention, droit d'auteur, etc.; tandis que certaines créances en raison de leur forme sont susceptibles d'être remises par voie d'endossement, par voie de transfert, même par simple tradition et constituer un gage réel; il n'en est pas de même de certaines valeurs essentiellement fictives, comme par exemple un droit d'auteur, ou même, dans certains cas, d'un fonds de commerce pouvant être composé seulement d'une clientèle ou d'un droit au bail.

La difficulté qu'offre une pareille solution, dans certaines espèces, peut être bien grande et divers auteurs se sont deman-

---

(1) Ordonnance du 17 mai 1834.

dés si, légalement, le fonds de commerce pouvait être donné en nantissement et, dans l'affirmative, comment on pouvait se conformer aux prescriptions si formelles des articles 2076 du Code civil et 92 Code de commerce, c'est-à-dire quelle devait être la chose engagée par le débiteur ? Comment donner en gage, par exemple, le droit au bail, un droit d'auteur ? Comment réaliser le déplacement de possession exigé par la loi, lorsqu'il n'existe aucun objet matériel ? On nous dira bien que les valeurs incorporelles sont toujours représentées par un titre quelconque et par conséquent par un objet matériel, tel que le bail pour le droit au bail, l'enseigne pour la clientèle, le manuscrit pour les droits d'auteur, etc. ; mais quelle sera, dans ce cas, la garantie offerte au créancier privilégié, qui peut voir disparaître, sans pouvoir s'y opposer, la valeur du gage ? Quelle sera la protection des tiers contre le débiteur qui, donnant un gage sans dessaisissement, leur laissera ignorer le contrat de nantissement jusqu'au jour où le créancier gagiste viendra revendiquer par privilège tout l'actif du débiteur ?

Si le nantissement des fonds de commerce, permettant de mettre en mouvement certaines valeurs, était désirable en principe, il était de nature, en l'état de nos lois, à créer de sérieuses difficultés.

D'abord, nulle juridiction ne saurait l'admettre sans une sorte de publicité permettant aux tiers fournisseurs de se renseigner sur la solvabilité de leur client. Si le législateur a supprimé le dessaisissement du gage donné en nantissement, qu'il a considéré comme impraticable, dans certains cas en matière commerciale, nous ne pensons pas qu'il ait eu l'intention de supprimer la publicité qui était attachée à ce dessaisissement et qu'il fallait absolument remplacer par une autre.

On comprend donc la difficulté qu'offrait l'application de la loi de 1863 sur le gage donné en nantissement sur les fonds de commerce, car l'opinion des auteurs était fort variable sur la notion du fonds de commerce et ne donnait pas la même définition de cet organisme commercial si complexe dans ses éléments, si variable dans sa forme. Suivant certains auteurs, le fonds de commerce doit être envisagé comme une *universalité juridique indivisible*, avec la clientèle, l'achalandage, les marques de fabrique, le droit au bail, comme principaux éléments ; l'outillage et la marchandise comme accessoires ou instruments de travail ; d'autres le considèrent comme une *universalité de fait*, formée de diverses valeurs, variables, devant être soumises aux lois des éléments principaux ; enfin, certains jurisconsultes ne voient dans un fonds de commerce que *divers éléments* jouissant d'une sorte d'autonomie pouvant être considérés comme tels. A notre humble avis, nous estimons que, presque toujours, c'est la première définition, quoique un peu générale, qu'il faut adopter, mais nous nous sommes demandé si l'on ne pourrait pas la modifier, car elle est fort discutable en certains cas.

La cession d'un fonds de commerce donne lieu, le plus souvent, sinon toujours, à deux contrats contenus dans le même acte ; le premier s'appliquant à la clientèle, à l'achalandage, à l'enseigne, aux marques de fabrique, au droit au bail et à l'outillage, accordant à l'acheteur un terme relativement long pour se libérer et le second relatif à la marchandise payable habituellement à une échéance bien plus rapprochée. Ne pourrait-on pas alors appliquer le nantissement du fonds de commerce aux éléments contenus dans le premier contrat et exclure les marchandises désignées dans le second ? Cette distinction d'éléments est faite d'ailleurs par l'article 17 de la loi du 28 février 1891, relative aux droits de mutation sur les marchandises.

Plusieurs raisons, croyons-nous, militent en faveur de cette théorie, que nous aurions pu étudier ensemble, si le temps nous l'avait permis ; néanmoins, vous en voyez les avantages pour la masse créancière, en cas de faillite ; le vendeur ne viendrait pas revendiquer, comme cela peut arriver souvent dans la pratique, une marchandise qui, non seulement, n'est pas la sienne, puisque cet élément du fonds essentiellement renouvelable a pu disparaître, mais, ce qui nous paraît excessif, demander un privilège sur une marchandise qui lui a été payée.

Ne vous semble-t-il pas aussi que cette division des éléments faciliterait la définition du fonds de commerce, qui s'allierait mieux avec l'interprétation de la jurisprudence civile, considérant, avec raison croyons-nous, le fonds de commerce comme une universalité juridique composée d'éléments incorporels ? En tous cas, il nous est permis de supposer que si cette distinction que nous proposons était faite, la pratique des nantissements sur fonds de commerce trouverait moins d'adversaires, et que la jurisprudence consulaire se rallierait plus facilement aux théories de la jurisprudence civile. Nous soumettons fort modestement, d'ailleurs, cette idée à nos collègues d'abord et à l'attention des jurisconsultes appelés à faire une étude complète de cette question avant qu'elle ne soit soumise à la discussion de nos législateurs.

Malgré la loi du 23 mai 1862, qui facilitait la formation du gage commercial, l'usage en fut assez restreint, et la première décision judiciaire, à notre connaissance, qui jeta l'émoi dans le monde commercial, fut celle du 13 mars 1888; elle fut rendue par la chambre des requêtes de la Cour suprême, dans les conditions suivantes :

En 1881, un sieur Robert devenait acquéreur d'un établissement exploité sous le nom de « Splendide Hôtel » ; sur le montant de son acquisition, l'acheteur versait un acompte de 4.000 francs, qu'il s'était procuré, grâce à un prêteur auquel il avait donné en nantissement son fonds de commerce comme garantie ; l'établissement en bloc comprenait la clientèle, l'achalandage, le droit au bail de l'immeuble et le matériel servant à l'exploitation. L'acte fut passé devant notaire, le débiteur remit au gagiste les titres établissant son droit de propriété du fonds et signifia le nantissement au bailleur de l'immeuble. Il est bien entendu que les parties ne voulaient nullement dessaisir du fonds le constituant qui continua à exploiter l'hôtel. La faillite survint, le gagiste prétendit avoir un privilège sur le fonds qui fut discuté par le syndic. La difficulté fut portée devant le Tribunal de commerce de Grenoble, qui, par son jugement du 7 août 1885, débouta le gagiste en déclarant que le fonds de commerce envisagé ne peut être assimilé à un meuble incorporel parce que le mobilier et le matériel industriel l'emportaient de beaucoup en valeur sur les droits immatériels, droit au bail, achalandage, nom commercial; qu'il n'y a donc pas lieu de suivre les règles du nantissement des choses incorporelles ; que la loi exige une mise en possession réelle effective et non pas symbolique ; que le dessaisissement faisant défaut, il n'y a pas lieu d'admettre le privilége.

Le créancier gagiste interjeta appel de ce jugement, et, par son arrêt du 16 avril 1886, la Cour d'appel de Grenoble infirma ce jugement. Elle envisagea le fonds de commerce comme une universalité juridique formant un droit incorporel devant être considéré comme tel.

Cet arrêt fut déféré à la censure de la Cour de cassation, et la chambre des requêtes, par une décision du 13 mars 1888, rejeta, dans les termes suivants, le pourvoi formé par le syndic :

« Attendu que ledit fonds de commerce constituait une *universalité juridique* composée d'éléments divers dont les uns, le matériel et le mobilier, étaient des meubles corporels, et dont les autres, le titre, l'achalandage et le droit au bail avaient le caractère des meubles incorporels ;

» Attendu que la partie essentielle d'un fonds de commerce de *cette nature* est l'enseigne, l'achalandage et le droit au bail ; que ce sont principalement ces éléments qui le constituent, et que le mobilier proprement dit n'est qu'un instrument de son exploitation ;

» Attendu, d'ailleurs, que l'arrêt attaqué déclare que, dans l'espèce, rien ne permet d'attribuer au mobilier et au matériel une valeur supérieure à celle des autres éléments du fonds de commerce, objet du nantissement ; qu'en jugeant dans ces circonstances que ledit fonds de commerce, pris dans son ensemble, était un meuble incorporel, la Cour de Grenoble n'a violé aucune loi ;

» Attendu que lorsque la chose donnée en gage est incorporelle, pour opérer la constitution du nantissement et la création du privilège, il faut, mais il suffit : 1° que le créancier gagiste ait signifié l'acte de nantissement au débiteur de la chose engagée ; 2° que celui qui constitue le gage ait remis au créancier gagiste le titre établissant son droit sur la chose engagée ; que, dans ce cas, en effet, la tradition matérielle étant impossible, la mise et le maintien en possession du gage, exigés par l'article 1076 (C. civ.), résultent de la remise et de la détention du titre aux mains du créancier ;

» Attendu que, lorsque ce titre est un acte authentique, ce serait ajouter à la loi que d'exiger la remise de la grosse ; que la remise d'une expédition suffit pour opérer le dessaisissement du débiteur et l'investissement du créancier et satisfait aux prescriptions légales, etc. »

Comme on le voit, la chambre des requêtes appliquant la théorie du bloc a considéré comme incorporels les éléments dominants ; mais si, dans toute autre espèce, les principaux éléments étaient des biens corporels, il faudrait, ce nous semble, pour être logique, faire l'application de l'article 2076 du Code civil et 92 du Code de commerce, c'est-à-dire le dessaisissement du débiteur.

Depuis lors, la jurisprudence des Cours d'appel s'inspirant de l'arrêt de la Chambre des requêtes, a toujours interprété, dans un sens fort large, l'esprit de la loi de 1863 et a consacré un mode de nantissement commercial commode et facile.

Par son jugement du 5 juin 1891, dans l'affaire Hartman, contre le syndic de la faillite Rodez, le Tribunal de commerce de Paris, prenant presque le texte de l'arrêt du 13 mars 1898, valida un nantissement constitué avec la remise du titre de propriété et la signification au bailleur. Mais depuis cette époque, la jurisprudence de ce Tribunal a modifié ses vues dans des décisions postérieures et comme les Tribunaux consulaires de province, elle s'est refusée à faire l'application de la jurisprudence civile et à valider le privilège des gagistes basé sur des nantissements symboliques.

Nous ne citerons pas les nombreuses décisions de justice rendues dans le sens indiqué, car, d'une façon presque constante, sans s'arrêter à des considérations d'espèce, la juridiction civile s'est prononcée pour les nantissements simples et faciles, tandis que la jurisprudence commerciale s'est toujours refusée, depuis une dizaine d'années, à valider les nantissements des fonds de commerce.

Il résulte des nombreuses décisions rendues par la jurisprudence consulaire, généralement hostile aux nantissements des fonds de commerce, que ce n'est pas non seulement parce que ce contrat ne satisfait pas aux prescriptions formelles de la loi ordonnant le dessaisissement qu'elle base son hostilité, mais aussi et surtout, parce que sans publicité, ce contrat ne donne pas une garantie suffisante aux tiers. Au contraire, la jurisprudence civile, interprétant la loi dans le sens le plus large, a toujours favorisé le développement des nantissements de fonds de commerce en le considérant presque toujours comme une universalité juridique dont les principaux éléments étaient la clientèle, l'achalandage, le droit au bail, c'est-à-dire une valeur incorporelle. Il est regrettable donc que le législateur de 1863 n'ait pu prévoir le développement des nantissements et leur application aux fonds de commerce ; nous aurions pu, depuis cette date, faire un essai de ce système de crédit qui, bien compris et pratiqué loyalement, peut rendre, croyons-nous, de grands services au commerce, mais qui, par sa nature même, peut occasionner dans son application de nombreuses et sérieuses difficultés. Il est vrai de dire que peut-être aussi le législateur d'alors, préoccupé sans doute de ne pas toucher à un de nos principes de droit : *En fait de meubles, possession vaut titre*, aurait hésité à faire une trop grande dérogation aux principes généraux du gage qui, donné sans dépossession du débiteur, n'est autre chose qu'une *hypothèque mobilière ;* il ne se doutait pas, à cette époque, que le besoin d'utiliser tous les moyens de crédit l'obligerait à voter quelque temps après la loi du 10 décembre 1874, du 10 juillet 1885 consacrant *l'hypothèque maritime,* plus tard, celle du *warant agricole* promulguée le 18 juillet 1898 et existant d'ailleurs dans presque toutes les législations étrangères, autorisant l'emprunteur à garder le gage contrairement aux prescriptions de l'article 2075 du

Code civil et 92 du Code de commerce, en attendant celle qui, certainement, viendra consacrer l'hypothèque de la batellerie fluviale.

A notre humble avis, nous estimons que la jurisprudence commerciale avec son expérience de tous les jours avait quelque raison de ne pas trop favoriser l'accroissement des privilèges occultes qui pouvaient, bien souvent dans les faillites, absorber tout l'actif au détriment de la masse ; mais est-ce à dire que la jurisprudence civile ait fait une mauvaise interprétation de la loi en considérant comme une universalité juridique, les fonds de commerce et en les assimilant aux valeurs incorporelles? Nous ne le pensons pas ; au contraire, comme elle, nous admettons la théorie du bloc, dans la plupart des cas, et nous croyons que la clientèle, l'achalandage, le droit au bail, l'outillage, constituent le plus souvent les principaux éléments du fonds de commerce et que les marchandises, c'est-à-dire, les valeurs corporelles n'en sont que les accessoires.

En tous cas et quelle que fût l'opinion adoptée sur la nature juridique des fonds de commerce, nous ne saurions admettre qu'un simple dessaisissement symbolique, alors que la loi exige impérieusement une mise en possession réelle et effective, puisse créer, *sans publicité*, un privilège au créancier gagiste par les seules prescriptions de l'article 2075 du Code civil et 92 du Code de commerce, c'est-à-dire remise du titre de propriété par l'emprunteur au créancier et signification, au bailleur, du nantissement.

Le conflit qui existait entre la juridiction civile et la juridiction consulaire ne pouvait être tranché que par une loi dont le projet fut déposé à la Chambre des députés, le 1er mai 1893, par M. Millerand. Après l'exposé des motifs tendant à prouver d'abord l'utilité des nantissements, donnant la preuve que les fonds de commerce sont rangés par la jurisprudence civile au nombre des meubles incorporels, l'honorable député démontre la nécessité de la publicité du contrat de gage qui ne peut être caché aux tiers, et propose à l'article 2075, l'addition suivante : « En outre, chaque dation en nantissement d'un fonds de commerce devra, à peine de nullité, recevoir mention sur le registre public tenu, à cet effet, au greffe du Tribunal de commerce du domicile du cédé ». Cette loi fut votée, pour la circonstance, à la hâte, sans étude, sans discussion, par la Chambre des députés, le 12 novembre 1897 dans un but fort louable, sans doute, mais qui ne peut donner en l'état que de bien médiocres résultats. Pourtant, hâtons-nous de dire, qu'ainsi modifiée, elle fait disparaître les nantissements clandestins et le conflit entre les deux juridictions, car si le nantissement des fonds de commerce sans dépossession du gage était légalement possible, ce qui était contestable, croyons-nous, avec les anciens textes, aujourd'hui la question ne se pose plus, la loi promulguée le 1er mars 1898 ne laisse plus de doute. Voici l'article de cette loi qui complète l'article 2075 : « *Tout nantissement d'un fonds de commerce devra, à peine de nullité vis-à-vis des tiers, être inscrit sur un registre public tenu au greffe du Tribunal de commerce dans le ressort duquel le fonds est exploité.* »

Comme on le voit, cette innovation fait une grande dérogation aux principes de l'ancien droit, et la modification apportée au projet soumis à la délibération de la Chambre des députés et du Sénat rend plus facile encore la constitution du gage. La suppression des deux premiers mots du projet Millerand : *En outre*, prouve que toutes les formalités de l'article 2075 : remise du titre de propriété, signification du bail, sont supprimées et que la simple inscription du nantissement au greffe du Tribunal de commerce suffit pour l'opposer valablement aux tiers.

Nous nous sommes demandé les raisons qui avaient déterminé le législateur à insérer cette loi dans le Code civil ; nous croyons, pour plusieurs raisons, que cette loi trouverait une meilleure place dans l'article 91 ou 92 du Code de commerce.

Le Gouvernement, ému de l'étude incomplète de cette loi, pleine de lacunes relatives, à la fois, à l'authenticité et au montant de la créance, à la durée du privilège, à la radiation et à la réduction de cette inscription *hypothécaire mobilière*, puisqu'il faut appeler les choses par leur nom, aux moyens employés pour requérir l'inscription, s'est déterminé à faire déposer à la Chambre des députés, le 25 février dernier, un projet de loi, par M. Lebret, ministre de la justice.

En attendant la discussion des articles divers de cette loi dont l'urgence ne saurait être contestée, puisque la pratique pendant ce temps devra suppléer à la réglementation légale, nous allons examiner les diverses objections que certains critiques ont adressées aux divers textes de loi relatifs aux nantissements et notamment à celui de la loi du 1er mars 1898.

Certains auteurs, respectueux des prescriptions du Code civil, n'admettent pas le nantissement sans dépossession du débiteur, mais n'est-ce pas le cas de rappeler un vieil adage : *autres temps, autres mœurs.* Comment l'emprunteur pourra-t-il consentir à se déposséder de son outillage et de sa marchandise ? Quelle était la pensée du législateur en ordonnant la dépossession de l'emprunteur ? elle avait pour but, naturellement, d'avertir les tiers que l'élément engagé ne faisait plus partie du patrimoine de leur débiteur, c'est-à-dire que la dépossession était exigée pour donner la publicité nécessaire au contrat de nantissement.

Aussi est-ce surtout sur l'insuffisance de publicité qu'ont été basées les plus vives critiques contre le non-dessaisissement du débiteur, et bon nombre de magistrats consulaires ont soutenu que la publicité ordonnée par la loi de mars 1898 était purement illusoire et qu'elle devait être faite par les journaux de la localité. Cette objection ne nous paraît pas très sérieuse, car elle créerait d'abord un avantage au profit des créanciers de la localité qui, seuls, auraient connaissance du nantissement et, par conséquent, mettrait les créanciers éloignés dans un état d'infériorité. N'y a-t-il pas à craindre également qu'une publicité par la presse quotidienne ne soit funeste au crédit de l'emprunteur ? Nous allons même plus loin, et nous soutenons qu'une publicité par les journaux serait bien moins sérieuse que celle exigée par la loi, car cette publicité dans les journaux locaux, grâce à la tactique des intéressés, presque toujours échapperait au regard des créanciers qui pourront désormais s'assurer facilement, au greffe du tribunal, de la situation de leur débiteur. Enfin nous n'hésitons pas à soutenir que toute publicité qui ne sera pas sérieuse, discrète, portera atteinte au crédit de l'emprunteur, et tendra à supprimer la dation en nantissement des fonds de commerce. La crainte qu'ont manifestée certains critiques sur l'insuffisance de cette publicité ne nous paraît donc pas fondée, car certainement les agences commerciales pourront faire connaître plus facilement à leurs clients la situation exacte du débiteur, complètement ignorée avant le vote de la nouvelle loi, puisque l'ancien texte permettait, on peut le dire, les nantissements clandestins.

On objecte aussi que cette loi favorisera la fraude commise par certains commerçants à bout de ressources qui, après avoir rempli leurs magasins de marchandises, pourront, à l'aide d'un complice, donner, en échange d'un prêt fictif, leur fonds de commerce en nantissement. Mais n'existe-t-il pas chez les commerçants des livres prescrits par les articles 10 et 566 du Code de commerce, qui permettront de s'assurer si le prêt est fictif ou réel, et des lois pour punir les fraudeurs qui, malheureusement, ont été en trop grand nombre à toutes les époques ? Nous doutons fort, d'ailleurs, que les fraudes puissent être plus nombreuses qu'elles ne le sont actuellement. Quel est celui de vous, mes chers collègues, qui, dans presque toutes les faillites et les liquidations, n'a eu le regret de constater de la fraude ; tels, par exemple, les effets de commerce à l'ordre des parents, des amis, représentant des prêts dont l'authenticité était fort douteuse ; les petits fournisseurs destinés, si besoin, à constituer une des majorités prévues par l'article 507 du Code de commerce sur la formation du concordat, etc., etc.

On a reproché à la nouvelle loi de rétablir le privilège et le droit de revendication du vendeur que lui déniait, en cas de faillite, l'article 550 du Code de commerce : nous n'hésitons pas à reconnaître que, par un moyen détourné, le vendeur peut conserver le privilège que lui enlevait la loi ; mais sans nous laisser aller à des considérations sentimentales, n'estimez-vous pas que les intérêts d'un vendeur qui, bien souvent, a créé tout l'actif du débiteur, mérite quelques garanties? Mais, dit-on, avec M. Renouard : « consentir un pareil privilège au vendeur, en vertu d'un acte latent inconnu des tiers qui ont contracté avec l'acheteur, c'est exposer à des déceptions la bonne foi publique, c'est également enlever tout souci au vendeur qui se désintéressera de sa vente, car peu lui importe, avec ce privilège, de vendre à un fripon ou à un honnête homme. » Ne trouvez-vous pas ce raisonnement excessif ; il ne s'agit plus d'un acte latent inconnu des tiers, comme pouvait l'écrire à cette époque, M. Renouard, mais bien d'un acte public, connu des créanciers qui, soucieux de leurs affaires, n'auront qu'à consulter l'état des nantissements, au greffe du Tribunal. Ce qui ne nous paraît pas moins étrange, c'est de voir affirmer que le vendeur se désintéressera de la cession de son fonds. Nous avons dit qu'un fonds de commerce était composé de la clientèle, de l'achalandage, du droit au bail comme principaux éléments, et que les valeurs corporelles, l'outillage et les marchandises, n'étaient, bien souvent, que les accessoires. Un commerçant donc a tout intérêt à vendre à un homme qui lui offre toutes les garanties de solvabilité et de moralité ; car, dans le cas contraire, que devient le gage, si la maison périclite dans les mains de l'acheteur ? N'est-ce pas surtout le principal élément du gage qui disparaît à jamais et nous n'avons pas à nous occuper des valeurs incorporelles ; dans la plupart des cas, elles auront été vendues, car si le débiteur ne peut vendre en bloc sans s'exposer à encourir les peines édictées par le Code pénal, il a le droit de vendre au détail et d'annuler presque entièrement le privilège de son vendeur, qui n'arrive, bien entendu, qu'après celui du bailleur.

On pourrait donc dire avec raison que le système des nantissements ne protège pas convenablement les intérêts du créancier qui vend son fonds, puisque la garantie offerte par son débiteur peut n'être qu'illusoire.

Nous pourrions citer bien d'autres difficultés que rencontrera l'application du nantissement, telle que la situation du bénéficiaire du nantissement contracté pendant la période suspecte qui précède toute déclaration de faillite, etc., etc., mais ce serait abuser de votre bienveillante attention ; nous pensons que,

BIBLIOTHÈQUE NATIONALE R.F. IMPRIMÉS

mieux étudiée, cette loi permettra au commerce honnête de contracter plus facilement des emprunts nécessaires pour assurer la marche de ses opérations commerciales, entravée quelquefois par des déceptions dans les ventes, d'éviter la faillite, de défendre ses intérêts et, par contre, sauvegarder ceux de ses créanciers.

Le commerçant donnant une garantie pourra plus facilement trouver un emprunt moins onéreux et se soustraire quelquefois aux griffes de l'usurier qui, sans pitié, comme vous avez pu le voir dans l'exercice de vos délicates fonctions, égorge son client. Il est même permis d'espérer, croyons-nous, que le commerce, en général, donnant des garanties, pourrait voir baisser également le taux des avances qui lui sont faites, taux qui n'est plus en rapport, comme autrefois, avec celui des emprunts divers, négociés souvent au-dessous du 3 0/0.

Si la répugnance des Tribunaux de commerce à reconnaître la validité du nantissement prouve la défaveur qui s'attache, dans le monde commercial, à ce genre d'opérations, la statistique, d'un autre côté, démontre surabondamment son utilité, puisque à Paris seulement, dans le courant de l'année 1899, il y a eu 1.089 nantissements et 41 radiations.

Ne voyons-nous pas le législateur au commencement du siècle se refuser à organiser le gage commercial sous le prétexte que l'emprunt sur gage est une cause de discrédit ? Or, le temps n'a-t-il pas démontré tout ce que ces craintes avaient de chimérique ?. Nous ne nous dissimulons pas la difficulté qu'aura le législateur pour établir un bon système de crédit sur de pareilles valeurs ; nous pensons pourtant que, plus loyale, cette pratique pourra perdre ce caractère dangereux que la juridiction consulaire a été souvent portée à lui reprocher.

Nous concluons donc que la loi à intervenir soit inscrite dans le Code de commerce, que les marchandises soient exclues du nantissement du fonds, que malgré les difficultés nombreuses que soulève cette question si complexe, un large débat devra s'ouvrir lors de la discussion du projet de loi du Gouvernement, qui, préalablement, devra prendre l'avis des Chambres et des Tribunaux de commerce. Ces divers corps, connaissant mieux que bien d'autres les besoins et les désirs du commerce, pourront émettre des avis précieux pour éclairer la discussion ; mais nous trouverions excessif, en l'état, de rejeter *a priori,* toutes les tentatives louables qui ont inspiré les nombreuses modifications apportées à la loi du nantissement. Nous ne saurions trop le répéter, à notre avis, cette loi si complexe mérite de fixer l'attention des jurisconsultes d'abord, de nos législateurs, et d'être, de leur part, l'objet de sérieuses études.

BIBLIOTHÈQUE NATIONALE R.F. IMPRIMÉS

A la suite de la discussion sur la 12e question : *Budget des Tribunaux de Commerce,* M. Rouvière-Huc, juge au Tribunal de Montpellier, donne lecture du vœu suivant :

« Considérant que la plupart des Tribunaux de commerce ont un budget excessivement limité qui permet à peine de faire face aux dépenses indispensables ;

» Considérant que les juges n'ont pas seulement besoin de connaître le texte de toutes les lois modifiant la législation consulaire, mais encore d'en étudier la discussion, afin d'en déterminer exactement l'esprit et d'en faire une juste application ;

» Qu'il est excessif d'exiger des magistrats consulaires, après le sacrifice de leur temps, des sacrifices d'argent obligatoires pour se tenir au courant des modifications de la législation qu'ils sont appelés à appliquer journellement ;

» Le Congrès émet le vœu suivant :

» Par les soins de l'Etat, l'envoi du *Journal Officiel* et de ses annexes sera fait gratuitement à tous les Tribunaux de commerce de France. »

Cette proposition est adoptée à l'unanimité.

Proposition de M. Rouvière relative à la modification de l'article 432 du Code de procédure civile (Enquêtes)

« Considérant que la preuve testimoniale étant admise en matière commerciale, les enquêtes doivent être plus nombreuses qu'en matière civile ;

» Considérant que le législateur, pénétré de cette idée et tenant compte, sans doute, des occupations personnelles des magistrats consulaires, a décrété, par l'article 432 du Code de procédure civile, que les enquêtes devant les Tribunaux de commerce devaient être *sommaires ;*

» Considérant qu'une enquête sommaire nécessite la présence de tout le Tribunal ; qu'il est également de jurisprudence constante qu'un juge seul ne peut être commis pour procéder à une enquête ni pour entendre des témoins dans les affaires qui lui sont envoyées aux fins de conciliation ;

» Qu'il serait très utile, pourtant, dans l'intérêt de la bonne justice, de permettre à un juge commis par un Tribunal de commerce de procéder aux enquêtes et d'entendre, s'il y a lieu, sous la foi du serment et en présence du greffier, les témoins requis par les parties ;

» Le Congrès émet un vœu tendant à modifier le premier paragraphe de l'article 432 du Code de procédure civile dans ce sens :

» Si le Tribunal ordonne la preuve par témoins, *il pourra commettre un de ses juges pour recueillir les divers témoignages, sous la foi du serment et en présence du greffier, qui en dressera procès-verbal;* au lieu du texte actuel, ainsi conçu : « Si le Tribunal ordonne la preuve par témoins, il y sera procédé dans les formes prescrites dans les affaires sommaires. »

A l'unanimité, cette proposition est renvoyée à la Conférence des présidents.

BIBLIOTHÈQUE NATIONALE R.F. IMPRIMÉS

www.ingramcontent.com/pod-product-compliance
Lightning Source LLC
LaVergne TN
LVHW010256230826
846091LV00007B/3000